한빛문학
시와창작문학상
수상작집

사는 이유

이현용 시집

KWANG JIN
광진문화사

이현용 시집

사는 이유

인쇄 2020년 12월 20일
발행 2020년 12월 25일

지은이 이현용
발행인 유차원
펴낸곳 광진문화사
발행소 04556 서울 중구 마른내로 4가길 5
　　　　상현빌딩 3층 광진문화사
전　화 02-2278-6746
작가 이메일 hyongli@hanmail.net
출판 등록 제2-4312

*이 책의 저작권은 저자에게 있습니다.
*저자의 서면 동의 없는 무단 전재 및 복제를 금합니다.
*인지는 생략합니다.
*잘못된 책은 바꿔 드립니다.

사는 이유

이현용 시집

〈시인의 말〉

시집을 엮으며

지켜야할 사람들이 있었다.
아들 그리고 아내
그들이 떠나간 뒤 언제나 아픔이 먼저 온다.
남아 있는 것이라곤 서러움뿐

잊기 위해 보내기 위해 무던히도 애썼다. 그러나 끊어지는 인연이 어디 있고 지워지는 추억이 어디 있으랴.
아픔도 그리움도 삶의 일부이니 그저 감내하는 것 밖에는

내 삶은 언제나 그리움과 회한이 앞선다.
담아 놓을 가슴이 없기에 지켜주지 못했던 이들에게 전하는 글들과 살아 온 과정 그리고 삶에 대한 미흡한 생각들을 책으로 엮었다.

하루하루 버티면서
지켜야만 하는 이들이 남아 있기에 오늘도 그리워서 산다.

2020년 12월 햇살 맑은 날에

이 현 용

〈축하의 글〉
인생시(人生詩)가 주는 감동

   요즘 방송가는 트롯 열풍에 휩싸여 있습니다. 이런 트롯 열풍은 모 종편의 〈미스터 트롯〉 경연대회에서 비롯되었는데, 가수 지망생들은 〈자유곡〉〈지정곡〉과 자신의 사연이 담긴 〈인생곡〉을 부르는 걸 보았습니다.

   그리고 〈미스터 트롯 진〉에 뽑힌 가수 지망생이 〈인생곡〉으로 사랑의 노래 〈배신자〉를 부를 때, 출전자의 아버지가 그토록 가족을 사랑으로 지킨다고 약속하고서 너무나 일찍 세상을 떠나버린데 대한 원망과 아픔을 노래하였기에 이 노래는 전혀 다른 울림과 감동으로 시청자를 눈물짓게 했던 것입니다.

   이 시집 〈사는 이유〉의 이현용 시인 역시 사랑하는 아내와 아들을 먼저 저 세상으로 떠나보낸 〈절망을 넘고 또 넘어 찾은 희망과 감동의 인생시〉이기에 독자 여러분께 힐링과 구원을 선사해 드릴 것입니다. 이에 이현용 시인의 〈사는 이유〉 시집의 발간을 진심으로 축하드리며 여러분의 뜨거운 사랑을 받기를 기원하는 바입니다.

                     한국문인협회 소설분과 회장 이은집(시와창작 주간)

| 차 례 |

시인의 말 | 시집을 엮으며 / 4
축하의 글 | 인생시(人生詩)가 주는 감동 / 5

제1부 그리워서 산다

거실의 봄 / 12
동짓달 / 13
봄비 / 14
어둠의 찬가 / 15
여울목에서 / 16
홀로 건너는 강 / 17
3월에 오는 눈은 / 18
북극성 / 19
그리워 부르는 노래- 아들, 내 사랑아 / 20
나쁜 놈 / 22
찢어진 카네이션 /23
내 침실에는(2) / 24
외출 / 25
반달 / 26
줄다리기 / 27
봄날에는 / 28
만날 수 있을까 / 30
밤 마중 / 31
일막 일장 / 32
그대 그림자 / 33

| 차 례 |

회상回想 / 34
잠 못 드는 밤 / 35
빈 뜰 / 36
옷장정리 / 37
얼마나 더 가야 / 38
가로등 골목길 / 39
그리운 밤에는 / 40
봄이 왔다 / 41
그림자 하나 / 42
병실病室의 밤 / 43
그대 앞에 서면 /44
빈 들 / 46
파란 대문 집 / 47
나룻배 / 48
섬진강의 아침 / 49
사는 이유 / 50

| 차 례 |

제2부 고향 그리고 추억

폐교廢校 / 52

빈집 / 53

느티나무 / 54

군불 지피는 어머니 / 55

수제비 / 56

낯설은 고향 / 57

저수지에서 /58

어느 봄날 / 59

무한천을 걸으며 / 60

고향집 /61

여름밤 / 62

한낮 / 64

배나무 / 65

산이 그립다 / 66

언제나 그 자리 / 67

김씨의 하루 / 68

그 집 앞 / 69

허수아비의 하루 / 70

| 차 례 |

제3부 삶 그 너머

출입금지구역 / 72
내 침실에는 / 73
모과나무 / 74
흙 / 75
가을 장미 / 76
봄에 피는 꽃 / 77
목련 / 78
낚시 / 79
길을 걷는다 / 80
포구 / 81
낙엽을 쓸며 / 82
빨래를 널며 / 83
겨울나무 / 84
포구의 가을 / 85
배롱나무 / 86
도시의 하늘 / 87
간이역 / 88
도시의 밤 / 89
검은 구름 / 90
등대 / 91
신발 / 92
넋두리 / 93

| 차 례 |

늦가을에 서다 / 94
동백나무 / 95
코로나19살이 / 96
그 카페에서 / 98
문상問喪 / 99
강물 / 100
가을의 사랑 / 101
운명 / 102
바람 부는 밤 / 103
산으로 가는 길 / 104
회한悔恨 / 105
빼빼로 연가 / 106
벼에게 / 107

해설 / 108

제1부

거실의 봄/동짓달/봄비/어둠의 찬가

여울목에서/홀로 건너는 강

3월에 오는 눈은/북극성

그리워 부르는 노래-아들, 내 사랑아

나쁜 놈/찢어진 카네이션/내 침실에는 (2)

외출/반달/줄다리기/봄날에는/만날 수 있을까

밤 마중/일막 일장/그대 그림자

회상回想/잠 못 드는 밤/빈 뜰/옷장정리

얼마나 더 가야/가로등 골목길/그리운 밤에는

봄이 왔다/그림자 하나/병실病室의 밤

그대 앞에 서면/빈 들/파란 대문 집

나룻배/섬진강의 아침/사는 이유

거실의 봄

겨울을 난 영산홍이
꽃피는 거실에서
아내가 아이의 그림을 본다

기억을 깨우는 꽃망울이
가슴을 조이는 밤
수술실 문이 열릴 때마다
생사의 갈림길이 열리고 닫힌다

끊어질 듯 이어지는 가녀린 숨소리
눈물로 지새운 밤들이
영산홍으로 핀다

볕이 드는 아침
안개를 헤쳐 온 엄마 곁에서
딸아이가 배시시 꽃잎을 띄운다

동짓달

베갯잇 적시는 사연
달빛이
어둠을 고요히 밀어낸다

눈시울 시리도록
그리움의 수를 놓으며
뒷산에서 두견새 운다

바람이 지나간 자리
그림자 들창에 어리고
기우는 달이 시리다

귀 기울이면
대숲도 빈 가슴으로 운다

봄비

못내 보낸 서러움이
불티처럼 내린다

나무에도
들에도
먼 산에도

그대
속 깊이 삼킨 눈물
소리 없이 삭아 내린다

한켠에 여며 놓은
옹이가 싹을 틔우더니
진달래로 번져간다

어둠의 찬가

당신을 보낸 뒤부터
어두워지면 또 다른 무덤이 생겨났다
[여보, 이제 들어왔어요?]
[못 챙겨줘서 미안해요.]
[아이들 밥은 주었어요?]
다소곳이 겉옷 받아 드는 당신
천정에서도 들리고
장롱 위에서도 들리고
먼 남쪽에서 나를 바라보는 당신
그 어둡고 칙칙한 곳에서
이곳까지 온
쓰던 물건을 만졌을 뿐인데

여울목에서

겹치던 얼굴이 흩어진다
개구진 목소리 퍼지던 냇가에
빛바랜 가을이 서성인다

달래 냉이 캐던 둑방길
행운을 찾던 토끼풀 사이사이
더듬다 엉키던 손가락
꽃반지 꽃시계 채워 주면서
도란도란 피워내던 이야기꽃을
갈바람이 데리고 간다

머언 산 숨 고르던 갈대
입맞춤하는 물 위로
늦가을 노을이 뚝뚝 떨어진다

홀로 건너는 강

발길이 뜸한 이른 새벽
홀로 강을 건넌다

준비한 것들 풀지도 못했는데
무엇이 그리 급한 지
사공도 없는 밤길 물살을 가른다

배웅하는 이 아무도 없이
먼 길 떠나는 작은 배
강물도 멈칫멈칫 흐른다

어찌할 수 없는 이별
산이 흐릿하게 하늘로 간다

3월에 오는 눈은

산수유 실눈 뜨는 3월
눈이 내린다
하나 둘 추억이 내린다

비료포대 썰매타고 내려오며
산타 할아버지보다 잘 탄다고 자랑하다
엉덩방아 울먹일 때
슈퍼맨보다 멋있다고 박수쳐 주면
눈물을 거두던 아이

숙제하러 간 독립기념관 눈싸움하다가
하얀 코스모스 꽃잎을 그려 놓곤
화가가 될 거라고 만화 그려서
맛있는 것 사준다고 손가락 걸며
방글대던 입술이 눈에 밟힌다

기억의 흔적들이 날린다
3월에 오는 눈은
숨겨 놓은 멍울을 들추며 온다

북극성

기러기 서두르는 저녁
토끼 없는 달이 뜬다

한 발 다가서면 물러서며
뒤돌아서면 따라오다가도
바라보면 언제나 그 자리

달맞이 꽃길에서
조금씩 들려오던 목소리는
바람에 흩어지고

갈꽃 흔들리는 호수에
별이 내려앉는다

그리워 부르는 노래 – 아들, 내 사랑아

천안 땅의 서부역에 아파트가 있었네
우리 아빠 우리 아들 사랑으로 살았네
내 사랑아 내 사랑아
나의 사랑 아들아
너는 영영 가버리고 나만 홀로 남았네

주고받던 문자들이 핸드폰에 있었네
자고 갈께 남겨 놓고
너는 영영 안 오네
내 사랑아 내 사랑아 기다리던 아들아
늙은 아빠 널 그리며 매일 매일 밤 샌다

이젠 너를 볼 수 없네 늠름하던 그 모습
네가 쓰던 작은 지갑
내 가슴이 아프다
내 사랑아 내 사랑아 보고 싶은 아들아
네가 먼저 떠난 뒤에 나만 슬피 남았네

노란 가방 둘러메고 들어오던 아들아
아빠 아빠 불러주던 네 목소리 들리네

내 사랑아 내 사랑아
만나고픈 아들아
오늘 따라 네 모습이 너무 너무 그립다

나쁜 놈

애인을 먼저 구한다면서도
가족을 사랑한다고 말한다

도서관 가서 공부하라면
게임이 대세라며 피씨방 가고
조심하라고 말하면
젊은 데 무슨 걱정이냐고 역정을 내더니
병문안 와서는
고아가 될 뻔했다고 핀잔을 하다가
자고 갈께 남겨 놓곤
돌아오지 않는다

이 밤
반쪽 남은 달이 힘겹게 떠 있다

찢어진 카네이션

사람들 가슴에 꽃이 피었다
김대리가 한 송이 건네며 눈길을 돌린다
꽃밭에 찾아든 나비 한 마리

서랍을 열었다
물감자국 거칠은 찢어진 꽃받침
종이로 만든 카네이션
내년에는 멋지게 만들어 준다고
수화기 넘어 철이가 보인다
노란가방 메고 뛰어가던 아이

빠알간 꽃잎 흔들어 놓고
노랑나비 날아간다
아무 것도 없는 내 가슴에
빗방울이 뚝뚝 떨어진다

내 침실에는(2)

침묵이 짓누르는
내 침실에는
어둠이 먹물처럼 밀려온다

차마 놓지 못하는 인연
닳아빠진 사진만
덩그러니 놓여 있고
창을 넘는 쓰르라미 소리

아직도 체온이 남아 있는
내 침실에는
시린 달빛만이 창으로 든다

외출

대합실 적막에 밀려
집으로 가는 길
낯선 듯 발이 멈칫 멈칫한다

손잡고 팔짱끼고 어깨동무
사람들의 발걸음은 즐거운데
허공을 가르는 손엔
차가운 열쇠의 감촉뿐

막차 지나간 뒤
체온을 기억하는 의자와
가로등 덩그러니 기다리는 광장에
멀리서 별이 찾아든다

발길 따라온 달빛이
환장하게 내리는 작은 방
그림자만 새록새록 쌓인다

반달

서둘러 달려 왔건만
가을 해 능선을 넘어간다

일찍 온 날이나 늦은 날에도
붉은 그림자만 보일 뿐
애타는 목소린 바람에 흩어지고

이 골목 저 골목 찾아다니느라
반쪽 남은 하이얀 얼굴로
여전히 발자욱을 더듬는다

기러기 쌍으로 나는 가을
별들이 눈 맞춤하는 밤에
설운 가슴으로 하늘을 떠돈다

줄다리기

파란 선을 사이에 두고
백기와 흑기가 마주한 채
팽팽히 긴장을 한다

깃발이 춤을 춘다
흔들리다 미끄러지곤 일어난다
당기는 자와 버티는 자

검은 그림자가 넘나들 때마다
모이고 흩어지던 발자국 소리에
주렁주렁 이어가던 인연

삶과 죽음의 경계
방울방울 떨어지는 목숨 줄
힘겹게 버텨낸 시간들

거친 숨결 잦아지며
안개 가득한 강을 건너온
햇살이 침상에 앉는다

봄날에는

앞산 돌아가던 햇살이
바람 따라 들어온 뜰에
개나리 실눈을 뜬다

감기듯 뜬 눈으로
먹는 둥 마는 둥 투정하다가
노오란 가방 신발주머니
배꼽인사 잘하던 아이

피아노 영어 태권도
손잡아 이마에 대다가도
놀이터 갈까 건네면
공 들고 앞서 가더니

영희가 아빠 품에 안긴다
철이가 탄 2호차 지나간 뒤
버스를 기다리는데
먼 하늘 별 하나
눈짓하며 아는 체 한다

나쁜 추억만 아픈 것이 아니다
좋은 기억도 아프다
꽃이 피는 이 봄날에는

만날 수 있을까

무논에선 개구리 엄마 부르고
만득이 비탈밭 내려오는데
앞산에 달이 찾아든다

한 발 다가서면 만날 수 있을까
마중가면 주춤주춤 물러서며
돌아서면 따라온다

함께 손잡고 가자더니
낯선 곳 어이 갔을까
다저녁 까치는 뭐 하러 또 우는지

멀리서 별이 눈인사한다
갈 수도 없고 오지도 못한다 하니
깊어 가는 기다림만 아프다

밤 마중

못내 사무치는 날엔
천안역으로 간다

잰 걸음 계단을 오르다가
늦게까지 무섭지 않냐 는 말에
남잔데 뭐 하러 와 하면서도
팔 잡으며 빙그레 웃던 아이

동부역 광장에서 서부역까지
그곳에선 만날 수 있을까
마중길을 따라 가면
뿌연 그림자 눈에 어리고

발길 멈춘 대합실
불 꺼진 와플집이 아프다

일막 일장

차마 놓지 못하는 인연
링겔병이 붙잡고 있다

거친 숨 몰아쉰다
춤추던 선율이 멈추고
커튼이 처진다

칭얼대던 아이와
문턱 넘어가던 노인이
관객을 물끄러미 바라본다

아들아……

남은 자의 일이라곤 없다
단지 이름을 부를 뿐

불꽃이 튀며
무대의 막이 내린다

그대 그림자

잰걸음으로 앞서 지나가
먼 산 보듯 돌아서면
낯선 얼굴들이 보인다

꽃무늬 원피스 연둣빛 핸드백
뒷모습 따라 카페로 대합실로 공원으로
어디 가면 만날 수 있을까

그림자 밟으며 들어선 골목
가로등만 창백하게 서 있을 뿐
맞아주던 목소린 들리지 않고

빈 걸음 방문을 여니
지쳐서 잠이 든 아이를
별 하나가 내려다본다

회상回想

여보, 흠칫 뒤돌아본다
아이가 엄마 품에 안기고
한 사내가 빙그레 웃는다

다사로운 햇살 내리는 공원에
이리 뛰고 저리 뛰는 웃음소리
오손도손 살가운 목소리

낱말들이 허공에 흩어진다
당신 자기야 아버지
들을 수 없고 불러도 대답 없는

터벅터벅 걸음을 옮긴다
낮달을 반기는 하늘
언제나 그리움이 앞선다

잠 못 드는 밤

철탑이 속울음 우는 저녁
철모른 달은 줄넘기 한다

삼삼오오 정겨운 목소리
한 집 두 집 불이 꺼진다
이따금 멀어져 가는 발자욱
몇몇 창마저 어둠에 묻히고
기다리는 사람들은 오질 않는다
잠을 수도 막지도 못한 설움
얼마나 멀길래 소식도 없다
갈 수 있으면 좋으련만
잠들면 만날 수 있을까

거실을 넘나드는 달빛
가로등은 오늘도 뜰에 서 있다

빈 뜰

새들이 찾아왔다 그냥 간다
기다리던 고양이도 졸고
지붕을 맴돌던 새매도 떠난다

채송화 지친 듯 잎을 접는데
하루하루 훈김과 따스한 손길
그 기억 놓지 못하며
문밖에 홀로 핀 봉선화

세상 분진 훌훌 털어버린 그대
그림자 짙게 드리워진 뜰엔
여전히 내리는 그날의 햇살

산책길 데불고 온 야생화
어우러져 피어나는 꽃밭
웃음 꽃 의자엔 그리움만 앉아 있다

옷장정리

마음을 가라앉히는 날씨인데도 오히려 산란해지는 것은 왜일까 설거지를 하고 빨래랑 청소도 해보지만 개운하지 않다
상념들이 꼬리를 물길래 옷장을 열었다 반가운 얼굴들이 떠오른다 함께 했던 시간들……
즐거운 기억 뒤에 아픈 추억이 따라 온다 살아온 순간들이 스친다 멍하니 주섬주섬 분리하곤 다시 걸기를 반복한다
잊는다고 잊혀지는 기억이 어디 있고 버려야할 인연이 어디 있으랴
거부하고 매달리는 차마 놓지 못하는 것들을 가만히 바라본다 낡은 추억 작은 기억 떨쳐야 하는 것 그리고 아프고 즐거웠던 것들을 품에 안고 마지막 배웅을 한다 행여나 바뀔까 두려워 후다닥 수거함에 넣고 돌아서는데 밖으로 나와 흔드는 소매 하나가 발걸음을 잡는다

얼마나 더 가야

모퉁이 돌아가면 만날까
단풍 고운 돌담길

도란도란 정겨운 계곡
머물다 가는 솔바람은 알까
단풍잎 반갑게 맞아 주는 길 가
홀로 조아리는 다람쥐가 아프다

한 발 두 발 한 걸음 또 한 걸음
부치는 모습에 불쌍해서 어쩌냐며
두 손을 꼭 잡아 주면서
함께 한다고 속삭여 주더니

얼마나 더 가야 볼 수 있을까
해질녘은 아직도 먼 데

가로등 골목길

토끼풀 민들레 서광꽃
어울리던 뜰에 별이 내린다

잎이 진다고 가지가 따라가면
꽃도 열매도 볼 수 없으니

누군가는 기다리고 있어야
만남을 기약할 수 있기에

부엉이 지쳐 떠난 뒤에도
긴긴 밤을 밝히는 가로등

그대 돌아오던 골목엔
찬바람만 하염없이 분다

그리운 밤에는

거실 환하게 밝힌 채
물끄러미 골목을 응시한다

감색 원피스 핸드백 앞에 메고
노란가방 곱슬머리 나란히 걸어서
손들고 화답하며 오던 길

바람이 꽃잎을 토닥인다
헤어짐은 만남을 기약할 수 있지만
이별은 그리움을 남기는 것

달 곁에 있는 별이
가만히 눈인사한다

봄이 왔다

겨울 기나긴 밤
방울방울 맺힌 꽃잎을
햇살이 가만히 보듬어 준다

훌쩍 떠난 뒤
창가에 그림자 어릴 때마다
귀 기울여 보지만
골목을 휘도는 바람소리 뿐

다시 오마 한 적은 없지만은
아니 온다는 말도 없었기에
섬진강 뚝방길 거닐며
하나 둘 추억을 줍는다

까치 찾아드는 봄날
행여 소식 올까 기다리는데
그대 심어 놓은 개나리가 핀다

그림자 하나

그림자 하나하나 밟는 밤
떠나가는 부엉이가 아프다

보(洑)* 울음소리에 나가 보니
강물에 빠진 달을
버드나무 애타게 손 내밀고

봄바람 달래는 손길에
가슴앓이 풀어 낸 섬진강이
달빛을 데리고 간다

뜰을 환하게 밝힌 채
아직도 잡고 있는데

---

*보(洑): 논에 물을 대거나 홍수나 가뭄에 대비하기 위하여 강물이나 냇물을 가로 질러 둑을 쌓고 물을 가두어 두거나 끌어들이는 곳

병실病室의 밤

할 수 있는 것이 없다
그저 바라보는 것 밖에는

주렁주렁 매달린 인연
잡으려는 사람과
떼어 내는 자의 아픔

정적이 흐른다
떠나고 보낸다는 것
아쉽지 않은 이별이 어디 있으랴

먼 하늘 별이 뜬다
이곳저곳 남아 있는 흔적들

그대 앞에 서면

마음은 찾아온다 하면서도
쫓기는 하루하루 삶이 버거워
달포를 넘겼는데 타박도 없다

조금만 늦어도 전화를 하며
외박이라도 할라치면 역정을 내던
그대 목소리 귓가에 맴돌고

지치고 힘들 때마다
잡아주고 안아주던 그 손길
아직도 기억이 생생한데

미안해서 가만히 바라본다
새들도 이따금 들르는 외진 산자락
홀로 얼마나 무서울까

함께 하자고
언제 만날 수 있냐고
불평이라도 하면 좋으련만
남아 있는 서러움이 맺힌다

웃으면서 맞아주던 얼굴이 보인다
따라가기엔 이른 시간
돌아서는 발걸음이 무겁다

빈 들

머뭇거리던 겨울을
햇살이 조금씩 밀어낸다

매정하게 보낸 것을 잊은 듯
서릿발 서걱이던 들판에
자운영 찾아와 꽃을 피우는데

이삭 줍던 아이도
탁주를 내어 오던 익산댁
아무도 돌아오지 않는 빈 들

봄볕 내리는 새참 자리엔
흥건히 설움만 고인다

파란 대문 집

불빛 하나 둘 꺼지는 저녁
집으로 돌아오는 길
영희 엄마가 인사를 한다

모퉁이 돌아 파란 대문 집
외등 밝히고 기다리던 곳
발걸음이 점점 아파온다

팔장 끼면서 가방을 받아 주고
때론 핀잔을 하면서도 부축해 주며
두 손 잡아 맞아 주었는데

눌러도 눌러도 대답 없는 벨 소리에
문을 열고 들어서니
달빛만 마당을 서성인다

나룻배

더러는 긁히고
움푹 패인 자리

긴 겨우내
강은 속울음 쩌엉쩌엉 울며
강바람 목 놓아 부르는데

빈 배에 띄워보는
속절없는 그리움

뱃머리에
노만 덩그러니 놓여 있다

섬진강의 아침

선잠으로 뒤척인 아침
밤 새워 울던 바람이 잔다

언제나 짝으로 날아들더니
햇살이 내리는 강가에
홀로 선 왜가리

긴 목으로 이곳저곳 흔적을 찾는 듯
허공으로 치솟다간 내려오며
함께 거닐던 강물을 바라본다

섬진강은 말없이
근심 어린 얼굴로 지나친다

사는 이유

갈꽃 몸부림치는 날엔
붉은 노을이 흐른다

아들
그리고 아내

지워지는 추억이 어디 있으며
끝낼 수 있는 인연이 어디 있으랴

한 발 한 발 마중가면서
그냥 산다, 그리우니까

제2부

폐교廢校/빈집/느티나무/군불 지피는 어머니

수제비/낯설은 고향/저수지에서

어느 봄날/무한천을 걸으며/고향집

여름밤/한낮/배나무/산이 그립다/언제나 그 자리

김씨의 하루/그 집 앞/허수아비의 하루

폐교廢校

아카시아 흐드러지게 핀
양성중학교*

까까머리 친구들이 나무에
주렁주렁 매달려 있다
칠뜩이 숙이
도란거리는 얘기들이 겹겹이 쌓인다

익숙한 얼굴들이
다투어 돋아난다

---

* 양성중학교 : 충남 홍성군 장곡면 산성리에 위치한 시인의 모교로 2003년에 폐교됨

빈집

허물어진 토담 넘어
석양이 내리고
축 처진 잡초가 지붕을 지킨다

이끼만 가득한 앞마당 징검돌
재마저 타버린 아궁이
어머니의 눈물 적시던 행주

전설이 살아나던 툇마루
수줍은 감 잎새 뒤로
거미가 숨어든다

꿈이 곰삭던 장독대
마알간 홍시가 열렸다

느티나무

늙은 느티나무 한 그루가
고향을 지킨다

서방 기다리던 춘천댁
노총각 덕배의 푸념을 달래며
정화수井華水에 달이 뜨면
삼신三神 찾던 순이 할매
모두 떠나간
빈 가슴에 바람만 휘돌고

다람쥐 찾아 드는
동짓달 긴 그리움에
붉은 눈으로 잎을 피운다

군불 지피는 어머니

미련처럼, 석양이 내리자
어머니가 아궁이에 불을 지폈다
불은 자꾸 어머니를 끌어당겼다
아궁이보다 작아진
이제 그만 일어나세요
그 모습 보기 싫어 돌아서는데
서산으로 해가 뚝 떨어진다
어머니의 굽은 등이
서산에 걸쳐있었다

수제비

어머니가 보고프면
중앙시장 춘천옥을 찾는다

두어 평 남짓한 공간
가난을 아궁이에 태우며
수제비를 끓이시더니

품앗이로 보낸 청춘
푸념도 하랴마는
묵묵히 꽃을 가꾸시던 엄니

춘천댁 담아 낸 뚝배기에
방울방울 어머니가 맺힌다

낯설은 고향

새로운 질서가 세워진다
뚝방길 도열하고
제비가 순찰하는 냇물에서
송사리 무리지어 사열을 한다

시멘트 성벽의 철문이 닫힌다
대천댁 강릉댁 풀어내던 빨래터
물장구 버들피리 소 먹이던 곳
어린 시절 흔적이 지워진다

소꿉친구 하나 둘 산으로 가고
개울물 붉게 우는 저녁
피라미 뛰어나와 홀로 반기는
낯설은 고향

저수지에서

삼형제봉三兄弟峯 막내가 떠난 자리
서슬 퍼런 물결에 해가
붉은 피를 흘린다

낯선 공간에 놀란 냇물이
뒤틀린 속을 울컥울컥 토해내고

조상대대로 부쳐 먹던 땅뙈기
수장 시킨 저수지에
콜라병이 허우적거린다

메뚜기 여치 뱀장어
그리고 만득이
갈 곳 없기는 매한가지다

어느 봄날

불쑥 맞으라니
춘배네 사랑방은 아직도 시려운데

아지랑이 숲 속으로
햇살 흩어지는 봄날에
꽃이야 저 홀로 피고 지면 그뿐

노총각 심사를
아는 둥 모르는 둥
병아리 돌담을 휘돌아간다

무한천을* 걸으며

무한천을 마중 나가면
반가운 얼굴들을 만난다

만득이 수염 강아지풀
영희의 머리핀 들국화
버드나무 드리운 낚싯대 위로
반짝반짝 그네 타는 피라미 떼

저녁놀 흐르는 여울물에
겹치는 얼굴이 흩어지고
삐비 뽑던 뚝방길엔
코스모스 홀로 외롭다

갈꽃 머리에 서성이는 저녁
앞선 이름 하나 둘 부르며
종이배를 띄워 보낸다

---

*무한천: 충남 청양군 화성면 산정리에서 발원하여 시인의 고향인 충남 홍성군 장곡면 천태리 앞을 지나 예당저수지로 흘러들어 삽교천에 이르는 길이 53.9km 하천으로 남에서 북으로 흐르며 낚시로 유명함.

고향집

외진 산골 끝자락
억새풀 베고
소 먹이던 곳

술래잡기 소꿉놀이
미루나무 허리 두른
구름 타고 떠난 순이

강아지풀 콧수염
찔레꽃 비녀 꼽고
신랑 각시 놀이하던 곳

양철지붕 외딴집
빗소리 들리던 고향

여름밤

모깃불 피워 놓은 뜨락에
연기가 줄지어 오른다

  – 안 주무세요
  – 달이 곱구나

먼 산 위에 별이 지고
엄니의 손등에 불빛이 반짝인다

  – 덥지요
  – 환장허것다

미루나무 울부짖는 몸짓에
김영감네 개 짖는 소리

밤새 날아가고
벌레소리 잦아든다

- 바람이 부네요
- 모진 게 목숨이라더니…

어머니 흔들리는 툇마루에
달빛만 무심히 내린다

한낮

미루나무 매달은 하얀 구름
쉬어 가는 개울가
장미꽃 꽂아주고
토끼풀 채운 뒤
미나리 씀바귀 쑥부쟁이 꺾어 놓은
밥상 앞에 앉아서
알콩달콩 꿈을 먹는 데
땀을 훔치는 철수 아버지
영희 엄마 힐끗 바라본다
'어림 없유'
'……'
엄마 아빠 웃음소리 한낮을 가르고
마주하던 아이들 빨갛게 익는다

배나무

살이 트는 아픔으로
가지 끝에 피운 꿈

비바람 막으면서
고이 품어 키운 것을
훌쩍 떠나보낸
시월 그 어느 날

저미는 가슴 몸부림치며
늙은 배나무가 빈 뜰을 지킨다

산이 그립다

잔설殘雪이 희끗희끗 남아 있는 천태산天台山[*]
마른 손짓으로 햇살 불러들인
산자락에 새들이 찾아든다

언제나 그 자리
당신의 아픔은 깊숙이 묻어 둔 채
비바람 막아 주고

힘들어 찾아갈 때나
푸념을 할 때도
넓은 품으로 토닥여 주며

숨이 턱까지 차는 고통으로
주저앉을 때마다
쉬어 갈 자리 내어 주더니

하이얀 꽃가마 강을 건너
안개 저편에 묻힌
산이, 그 산이 그립다

---

*천태산: 시인의 고향인 충남 홍성군 장곡면 천태리에 위치한 해발 250m의 낮은 산으로 1980년대 초반까지 석탄이 채굴되었으며 주변에 임존성, 예산 황새마을, 예당저수지, 무한천, 칠갑산, 오서산, 홍주산성 등의 관광지가 있다.

언제나 그 자리

먼 산 소나무
언제나 그 자리

가만히 귀 기울이면
만득이 웃음소리
순이 발자욱 소리

개구쟁이 뛰던 냇가엔
갈대만 하얗게 흔들리고

태봉산* 형제봉에
심어둔 별이 뜬다

---

* 태봉산: 시인의 고향인 충남 홍성군 장곡면 천태리 고향집 앞에 위치한 백제시대 왕가의
　　태반이 묻혔다는 이야기가 내려오는 봉우리가 세 개인 자그마한 야산

김씨의 하루

개구리 무논에 들면
김씨 얼굴엔 저녁 해 뜬다

피사리에 도구 치랴 물꼬 트랴
하루 해 금세 넘어간다
광천댁 새참 한 술 탁주 한 사발
육자배기 한 자락 고단함 풀어내니
속 모르는 맹꽁이 화답을 한다

자식 걱정 나라 걱정 옹이로 맺힌 그리움
성황당 떠 놓은 정한수에
낯설고 낯익은 얼굴들이 보인다

어린 달빛 반기는 늦은 저녁
핸드폰 만지작거리다가
애꿎은 벨소리만 키운다

그 집 앞

책 속에 핀 은행 한 잎
유년이 걸어 나온다
장미 고운 파란 대문 집

고무줄 전쟁놀이 구슬치기
드잡이질 한창이던 바깥마당
흙먼지 툭툭 털어 주곤
무릎을 싸매주며 붉히던 아이

고단한 삶 푸념하다가도
어린 시절 이야기에 활짝 웃으며
또 만나자던 그 눈빛

바리미 윗말*동네
새들이 대숲 찾는 저녁
뜨고 남은 이름을 불러본다
만득이 춘삼이 옥이

쭈뼛대던 까까머리 가을이 물들고
들창에 그림자 어리던 낡은 집
툇마루엔 달빛만 흐른다

---
* 바리미 윗말 : 시인이 태어나고 유년을 보낸 충남 홍성군 장곡면 천태리의 작은 마을로 앞에 무한천이 흐르며 인근에 예산 황새마을과 예당저수지가 있다.

허수아비의 하루

능선에 앉은 해가
물끄러미 들녘을 바라본다

새참을 내어오던 광시댁
헤진 옷 꿰매주던 익산댁
보듬던 알곡이 떠난 뒤
먼 기억을 더듬는 허수아비

무리지어 서산을 넘는 기러기와
모였다 헤어지고 또 만나는 구름들
말없이 하늘만 응시한 채

갈바람 헤집는 가슴 안고
덩그러니 빈 들을 지킨다

제3부

출입금지구역/내 침실에는/모과나무

흙/가을 장미/봄에 피는 꽃/목련

낚시/길을 걷는다/포구/낙엽을 쓸며

빨래를 널며/겨울나무/포구의 가을

배롱나무/도시의 하늘/간이역/도시의 밤

검은 구름/등대/신발/넋두리

늦가을에 서다/동백나무/코로나19살이

그 카페에서/문상問喪/강물

가을의 사랑/운명/바람 부는 밤

산으로 가는 길/회한悔恨/빼빼로 연가/벼에게

출입금지구역

천안역 빈 터를 지키는
하얀 개망초

이곳은 사유지이므로
함부로 출입할 수 없음

철조망 오르는 달개비
그 옆
전봇대는 한패다

기차를 기다리는 의자와
광장이 저만치 물러나 있다

내 침실에는

적막강산 아우성이 들리는
내 침실에는
어둠만이 홀로 외롭다

아직은 온기가 남아 있는데
영욕의 세월을 뒤로 한 채
껍데기만 덩그러니 남아 있다
이따금 산을 찾는 이의 발소리가
정적을 깨우며 멀어져 간다

어스름 달빛 흐르는
내 침실에는
수수깡 이파리 서걱댄다

모과나무

매서운 추위 속에서
설 곳도 못 잡고
옮겨 다니길 수차례
여린 잎 피우며 몰래 몰래
가슴에 품어 키운 꿈마저
가지를 흔드는 비바람에
찢기고 떨어지는 아픔
향기가 속 깊이 스밀 무렵
햇살은 사위어 가고
갈바람에 손사래 치는 데도
석양이 머리 위를 거닐며
가을 수채화에 덧칠한다

흙

녹음이 짙다고 가을이 안 오랴
바람 같은 세상살이
물처럼 흘러가는 게지

청명한 하늘 춤추는 깃발이
둘인들 무엇하고 하나인들 어떠랴
꽃가마에 실려 가면 그 뿐인 게지

고향 가는 길
가짐이 무얼 그리 중한가

가을 장미

빛바랜 얼굴로
문간에 기대어
푸른 잎 진딧물에 빨리 우고
무뎌진 가시
갈라진 가슴
허물 드러낸 몸으로
힘겹게 울타리 넘는 데
매서운 바람이
못다 핀 꽃을 떨군다

봄에 피는 꽃

이른 봄 피는 꽃은
가난한 꽃
언 땅에 뿌리 내리고
알몸으로 피는 꽃

봄에 피는 꽃은
그리워 피는 꽃
기다림의 병이 깊어
각혈로 피어 낸 꽃

봄에
봄에 피는 꽃은
생명의 꽃
품으로 피워낸 어머니의 꽃

목련

뒤늦게 찾아든 열병으로
다 벗어 던진
지난 겨울은 유난히도 아팠다

너무 길어 슬픈 밤
소쩍새 지쳐 떠난 뒤
달빛만 환장하게 내리고

토담 옆 우물가
가시로 박혀 있던 그리움 하나
햇살로 피워 낸다

낚시

갈매기 이따금 쉬어 가고
물새가 찾아 들던 외딴섬

갯바위 갈라진 가슴을
보듬던 파도가
걸어온 자욱을 지우는데

만선을 꿈꾸는 낚싯배 위로
붉은 노을이 한 뼘씩 내린다

길을 걷는다

한발 두발 또 한 발자국
어둠, 낯선 그 길을 걷는다

이곳저곳 그림자 서성이는
밤안개 가득한 언덕
풀 나무 그리고 새 소리

보일 듯 보이지 않고 없는 듯 있는 길
조그만 손전등을 의지한 채
작은 움직임에도 걸음을 멈춘다

능선 저 멀리
별은 여전히 떠있다

포구

낡은 배
닻 내린 포구에

바람이
가을을 데불고 오면

선착장엔
텅 빈 노을이 뜨고

갯바위
틈새마다 밀려드는 그리움

낙엽을 쓸며

검버섯 가득한 얼굴
윤기가 흐르는 얼굴
핏기가 사라진 얼굴

어디에서 왔는지
어떻게 살았는지
그렇게 또 어디로 가는지

서걱서걱 북북 쓱쓱 싹싹
저마다 간직한 이야기를
하나씩 하나씩 털어 놓는다

나뭇잎 떨어지는
늦가을 골목
몽당 빗자루가 먼 산을 본다

빨래를 널며

헹구어도 지워지지 않는다

얼룩으로 남겨진
말라붙은 일상들

비비고 비틀고 짜내면
손끝이 아련해 온다

깊숙이 터 잡은 옹이
고인 물을 탁탁 털어내어

바지랑대에 달아놓은 기억들은
바람에 흩어지고

가을이 빨랫줄에 매달려 있다

겨울나무

어디로 가는 것일까
나뭇잎 하나 툭 떨어진다

가는 길을 알면서도
남겨진 인연 어쩌지 못 해
잠 못 이루는 긴 겨울밤

먼 하늘 별을 보다가
가지 끝 맺힌 눈물 바람에 훔치며
골목길을 더듬는 겨울나무

빈 가슴 삭정이로 남아
여린 잎 붙들고 서 있다

포구의 가을

까맣게 타는 속내
끊임없이 다가가 보지만
바다로 돌아서는 섬

백사장 흐릿한 발자욱을
속절없이 따라 가는 데
잡힐 듯 잡히지 않고
파도만 하얗게 하얗게 부서져 내린다

발그레한 수평선 달을 반기는
포구엔 가을이 내리고
지친 배 한 척 정박해 있다

배롱나무

긴 시간 어떻게 견뎠냐고
봄바람이 가만히 토닥여 준다
달빛 타고 흐르는 그리움으로
소쩍새 울며 나던 그해 겨울
속 깊이 파고드는 외로움에 몸부림치며
홀로 지샌 서러운 밤들
벌과 나비 애타는지 모르고
한켠에 우두커니 서 있는 배롱나무
뜨겁게 다가오는 햇살에
언 가슴 조금씩 열면서
연분홍 꽃잎을 틔운다

도시의 하늘

한없이 넓고 높아 이곳저곳 거닐며 웃음을 주더니 불도저 기중기 덤프트럭의 앙탈에 자리를 내어 준다
굴뚝과 철탑에 찔리고 건물이 몸집을 불릴 때마다 갈라진다
철갑을 두른 자를 앞세우고 인터넷 인공지능이 찾아오더니 자리를 내어 달란다 조금씩 조금씩 자리를 내어 주며 점점 작아지는 도시의 하늘, 앞을 가리는 검은 세력에 밀려 속울음 운다
교차로와 늘어나는 골목들 끝이 흐릿해지며 양지가 음지로 바뀐다
빛이 가늘어져 그곳으로 가는 길을 찾기가 힘에 부치는 데도 푸르름을 잃어 가면서 꽃밭과 봉오리를 지키려고 한줌 햇살을 붙들고 있다

간이역

머물다 가라고 잡는 데도
대답만 하고 떠나는 완행열차

탑승구엔 다툼이 인다
먼저 오른들 어떻고
늦은들 어떠리
어차피 삼등 열차인 것을

종착역으로 가는 노인과
목적지로 향하는 아이들
줄지어 선 간이역

잠시 쉬었던 의자와
발자욱 덧칠해진 플랫홈에
햇살 여전히 내린다

도시의 밤

요리조리 달아나는 외눈박이를
쌍불 켜고 쫓는다

무리지은 괴물에게
오손도손 하얗던 신작로를 내어 준 채
만득이 저만치 비켜간다

교차로 설 곳 없는 사람들이
점점 외곽으로 내몰린 도시
감시의 눈초리가 매섭다

아이들의 함성이 멎은 뒤
네온이 유혹하는 뒷골목엔
길 잃은 달이 서성이고

파수꾼이 싸이렌을 울린다
누런 눈빛과 검은 연기
별도 떠난 도시의 밤이 아프다

검은 구름

산 넘으며 찢기우고
물 건너며 긁힌 상처
까맣게 타드는 가슴

바람 따라 떠나면 그뿐인 것을
축 처진 어깨 땅에 닿는다
얼마나 아프면 저럴까

속앓이 온 몸을 뒤틀며
홀로 서성이는 하늘 가
왼 종일 머물고 있는 시간들

안고 가야할 것만 남긴 채
슬픔 그 서러움을 방울방울 떨군다
조금씩 조금씩 옅어지는 멍울자국

높이 높이 오른다
말 못하던 옹이를 풀어내고
맑은 얼굴로 떠 있다

등대

닻을 올리지 못한 채
배가 멈칫 멈칫 밀려간다

잡지도 보내지도 못하며
먼 바다만 바라보는 등대

하늘과 맞닿은 수평선엔
도란도란 속삭이는 잔물결이 퍼진다

파도는 다가올 듯 멀어지고
떠나갈 듯 돌아오는데

만날 수 있다면 따라 가련만
멈춤, 그 아픔을 알기에 그럴 수 없으니

그리우면 다시 와도 돼
함께했던 그곳에 있을 테니까

물결 거칠어지는 밤
우두거니 불 밝히며 서 있다

신발

가시 풀숲 산 넘을 때
얼마나 힘들었을까

작고 넓은 발을 탓하기에 앞서
더 조이면서 다그쳐 왔지
브랜드에 밀리는 설움과
힘든 여정 견뎌 온 시간들

무거운 짐 발을 빼니
낡고 닳은 모습이 보인다
비우면 그만인 것을
상처만 키워 왔구나

젖은 속내 풀어 놓은 햇살로
한 땀 한 바늘 찢긴 곳을 깁는다

넋두리

딱히 갈 곳이 있는 것도 아니다
그저 답답할 뿐
먼 하늘을 바라본다

방금 웃던 별과
술래잡기하던 달이 떠나고
조용히 찾아드는 외로움

나뭇잎을 보낸 뒤
새순을 위해 홀로 견디는 나무들
사랑도 이별도 아픔도

어둠 속에서도 길은 사라지지 않기에
빈 들을 지키는 허수아비처럼
오늘도 그리워서 산다

늦가을에 서다

곳간이 채워진 만큼
김씨의 주름도 늘어나고

늦가을 들판은 여유롭다

누구라도 그러하듯
가는 모습은 똑 같은데

동백나무

지친 겨울을
햇살이 토닥토닥 안아준다

미움도 원망도 잊은 채
외등 환하게 켜 놓은
주차장엔 달빛만 내리고

올 수 없음을 알면서도
잡지 못했던 시간들이
겹겹이 쌓이는 밤

옹이로 맺힌 서러움에
붉은 눈을 뜬다

코로나19살이

세상은 날더러 집에 머물라 하고
봄바람은 밖으로 나가라 유혹하네

새소리 물소리 그 속삭임
구름은 계곡 따라 흐르는데

어쩌라고 봄볕은 내리는지
흔들리는 마음을 달래보지만

사알짝 스치던 손길
보조개 떠오른 얼굴

죽고 사는 것도 중하나
만남도 관계도 중하거늘

홀로 사는 것이 아니기에
속절없이 바라보는 먼 산

마주치는 것조차 두려워
발길이 끊어지는 길가엔

개나리 벙그레 웃으며

영산홍은 벌을 부르는데

행여 옮길까 멈추었으니
뉘를 탓할 수 있으랴

끝이 보이질 않는 시간들
애타는 가슴앓이 쌓여만 간다

그 카페에서

카페가 걸음을 잡는다
볕이 드는 창가
카푸치노*가 외롭다

조각상 곁으로 나비가 찾아들고
벌을 부르는 영산홍 앞에서
웃으며 사진 찍는 사람들

태조산* 산책길에
잠시 들렀던 그곳
의자엔 그리움만 앉아있다

---

* 카푸치노: 커피 이름

* 태조산(太祖山): 충남 천안시에 위치한 해발 421m의 산으로 930년 고려 태조가 후백제 신검(神劍)과 대치할 때 이곳에 머물렀다하여 태조산이라 부르게 되었다. 원성천과 신방천의 발원지이며 중턱에 천년고찰 성불사(成佛寺)가 자리하고 있고 태조산 야영장이 개설되어 있다.

문상問喪

힘들던 일상을 잊은 채
국화꽃에 쌓여
배시시 웃으며 맞는다

고단한 걸음으로 처질 때마다
지나 갈 것이니 괜찮을 거라며
살갑게 잡아 주던 손길

얼마 남지 않았음을 알면서도
찾아오는 이들을 위로하던 그 시간들
얼마나 아팠을까

가려는 사람은 있을지언정
보내고 싶은 사람이 어디 있으랴
눈가에 잔상이 맺힌다

강물

바위를 치우던 용기와
산을 뚫던 끈기는 어디로 갔는지
뒷물결에 조용히 밀린다

앞과 뒤의 경계에서
앞서려고 급류를 타다가도
뒤처지지 않으려 버티던 시간들

강물이 계곡을 물끄러미 바라본다
부딪치고 찢기우며 갈라섰다가도
다시 만나 어울리던 물방울

협곡의 두려움도 물결의 다툼도 없는
바다가 가까워지는데
멈짓멈짓 강을 놓지 못한다

가을의 사랑

가을 햇살이 여인처럼 내린다

시린 하늘은 구름을 품는데
패인 가슴 찬바람만 들고

길 가 떠돌던 잠자리
코스모스 앞섶을 파고드는 오후

산 그림자 길어지는 들녘엔
먼 산을 바라보는 허수아비 뿐

익어가는 해바라기가 아프다

운명

달빛 내리는 뜰에
서성이는 낙엽이 아프다

비가 오면 우산이 되어주고
바람이 불 땐 붙잡아 주면서
함께 지내온 시간들

떠나는 것이 쉬우랴만은
보낸다는 것은 어떠할까
다시 만날 수 없다면

둥치로 모여든 잎들을
감나무가 물끄러미 바라본다

바람 부는 밤

창이 흔들리는 날은
나무도 달빛에 흔들린다

먼발치에 희끗희끗 나부끼는 옷자락
그대 돌아오던 길
영희네 비닐하우스가 손사래 치고

달맞이꽃 마중길로
강아지 뛰어갈 때마다
언제나 눈물이 앞서니

달이 멀어져 가는 밤
속절없이 별을 찾아본다

산으로 가는 길

산으로 가는 길모퉁이
낙엽들의 수런거림이 들린다

파티에 젖어드는 단풍잎과
무용담(武勇談)을 쏟아내는
정자나무 은행잎
조근조근 벚닢은* 추억을 거니는데
낡은 옷 가랑잎은 말이 없다

태어난 곳이 대수더냐
정원수(庭園樹)도 병이 들고
멍가* 잎이 더 곱거늘
귀하고 천한 삶이 어디 있으랴

갈증과 폭풍 그 시간들을 견뎌낸
바위 틈 국화가 예쁘다

---

* 벚닢 : 벚나무(벚나무) 잎
* 멍가 : 청미래덩굴의 청청 일부지방의 방언으로 망개나무 또는 명감나무로 불리 우는 덩굴식물로 척박한 산에서도 잘 자란다. 푸른 열매는 신맛과 떫은맛이 나며 뿌리는 토복령이라 하여 한약재로 쓰이고 잎은 반질반질하여 망개떡을 만들기도 하며 옅은 주황색으로 단풍이 든다.

회한(悔恨)

밤은 별이 있어 아름답고
굴곡이 있는 것이 인생이라지만
해가 갈수록 쌓이는 외로움은 왜일까

지워야할 기억이 어디 있고
버려야할 추억이 어디 있으랴
아픈 것은 아픈대로
좋은 것은 또 그대로
품고 가는 것이 삶이거늘

어눌한 말과 걸음걸이
시간이 지나간 얼굴로
날마다 새롭기를 갈망해 보아도
언제나 그날이 그날인 것을
바람이 인들 어찌하리

행복도 슬픔도 만드는 것이라는데
어린 벌 날아가고 나비가 떠난 뒤
청개구리 무논엔 달빛만 흔들린다

빼빼로* 연가

인사하는 점원 곁에서
빼빼로가 손짓을 한다

함께하자고 손가락 걸었는데
뜨거움에 철로(鐵路)가 휠 줄은 미처 몰랐다
달콤하면서도 푸석푸석한 초콜릿
망설이며 바라보고 있으니
김사장이 툭 치며 지나간다

불현 듯 떠오르는 박인로의* 싯귀에
돌아서는 발길이 무겁다

---

* 빼빼로: 11월 11일 상업적 기념일에 남녀간 주고받는 초콜릿 과자

* 박인로(朴仁老, 1561-1642): 호는 노계(盧溪)이며 '반중조홍감이'란 시를 지은 조선의 무장이자 시인이다. 임진왜란 때 무공을 세웠으며 '태평사(太平詞), 선상탄(船上嘆), 누항사(陋巷詞)' 등 조선 후기를 대표하는 작품을 지었고 문집에 '노계집(盧溪集)'이 있다.

벼에게

당당해도 된다 네 잘 못이 아니니 벼가 죄인인 양 가을 앞에 서 있다
답답하게 내린 비와 김씨의 게으름을 원망하기보다는 몰아치던 태풍 속에서도 흔들릴지언정 쓰러지지 않고 한여름 갈증과 고통을 견딘 것만도 대견하거늘 고개 숙이지 마라 네 탓이 아니니까
온 힘을 다해 키워왔으니 더러 보이는 쭉정이가 대수더냐 참새에게 알곡 몇 알 빼앗긴 것이 허물이더냐
어깨를 펴라
허수아비가 지켜준 들녘에서 이만큼 일군 것도 어딘데 벌과 나비에게 내어준 자리에 잠자리가 앉은 것을 어찌 탓할 수 있겠는가
자책일랑 거두거라 아직도 해가 남았으니
고추잠자리가 춤으로 위로하는 벼를 늦은 햇살이 가만히 토닥여 준다

| 해 설 |

존재의 인식과 서정적 자아탐구
– 이현용 시집 『사는 이유』

김 송 배
(시인. 한국문인협회 전 부이사장)

1. '삶과 죽음의 경계'에서 부르는 연가

우리 시의 현주소는 대체로 그 시인이 살아온 삶의 궤적(軌跡)에서 감응한 정서의 감도(感度)가 어떠한 지향적인 사유(思惟)를 유발(motif)하느냐에 따라서 시적인 진실 탐색에 많은 영향을 미치게 된다. 거기에는 시인의 체험이 작품 전체에 대한 상황 설정이나 주제의 투영에 절실한 자애(self love) 의식이 필요하게 된다.

이러한 시법(詩法)은 그 시인의 생애에서 불망(不忘)으로 새겨져 있는 희노애락(喜怒哀樂)의 흔적이 이미지로 형상화하는 경향이 다양하게 적시하는 작품들을 다수 읽을 수 있는데 이는 우리의 인생 체험에서 창출된 정감(情感)이 우리 시 창작의 핵심적인 테크닉으로 발현되고 있기 때문이다.

여기 이현용 시인이 상재하는 시집 『사는 이유』를 일별하면서 이와 같은 논지를 먼저 떠올리는 것은 이현용 시인의 뇌리(腦裏)

에서 영원히 잊을 수 없는 삶에 대한 흔적으로 그의 정신세계에서 여과(濾過)하면서 작품으로 창조되고 있는 것이다.

  그는 '시인의 말'에서 '내 삶에는 언제나 그리움과 회한이 앞선다'는 의미심장한 어조(語調)를 전제하면서 '지켜야할 사람들이 있었다. / 아들 그리고 아내 / 그들이 떠나간 뒤 언제나 아픔이 먼저 온다. / 남아 있는 것이라곤 서러움뿐'이라는 비극적인 흔적이 지금도 지울 수 없는 영원한 시적인 소재 (material)이며 주제로 승화하는 시법을 이해하게 한다.

  이러한 체험에서 '삶과 죽음의 경계 / 방울방울 떨어지는 목숨줄 / 힘겹게 버텨낸 시간들(「줄다리기」 중에서)'이라는 그의 심중(心中)에는 생사의 경계에서 존재의 이유나 생명의 경외(敬畏)에 대하여 그는 지적(知的)으로 작품과의 상관성을 발현하고 있는 것이다.

갈꽃 몸부림치는 날엔
붉은 노을이 흐른다

아들
그리고 아내

지워지는 추억이 어디 있으며
끝낼 수 있는 인연이 어디 있으랴

한 발 한 발 마중가면서
그냥 산다, 그리우니까
　　　──「사는 이유」 전문

　이현용 시인이 먼저 제시하는 사유의 정점은 '사는 이유'를 자문(自問)하고 있다. 이 작품은 이 시집의 표제시이다. 그만큼 시집의 중심된 이미지이며 주제라고 할 수 있다. 이러한 오매불망(寤寐不忘)의 비극적인 상황 인식이 바로 실재(實在)로 현현(顯現)된 '아들 / 그리고 아내'의 인연을 상기하면서 '한 발 한 발 마중가면서 / 그냥 산다, 그리우니까'라는 결론적인 주제를 정리하고 있다.
　우리 현대시의 결정체(結晶體)는 인본주의(humanism)의 추구에 있다. 많은 시인들이 자신의 삶에서 인식하고 성찰하면서 존재를 확인하는 시법을 응용하면서 시적 진실을 탐구하고 있는 것이다.
　이현용 시인도 이처럼 실제 생활(real life)에서의 비극적 상황들을 이미지로 창출하고 그리움이나 고독함 등으로 어조를

조절하면서 결국 존재의 이유를 탐색하고 있어서 우리들의 공감을 유로하고 있다.

　　당신을 보낸 뒤부터
　　어두워지면 또 다른 무덤이 생겨났다
　　[여보, 이제 들어왔어요?]
　　[못 챙겨줘서 미안해요.]
　　[아이들 밥은 주었어요?]
　　다소곳이 겉옷 받아 드는 당신
　　천정에서도 들리고
　　장롱 위에서도 들리고
　　먼 남쪽에서 나를 바라보는 당신
　　그 어둡고 칙칙한 곳에서
　　이곳까지 온
　　쓰던 물건을 만졌을 뿐인데
　　　　　――「어둠의 찬가」 전문

　이 작품에서는 떠나보낸 아내에 대한 순애보적(殉愛譜的)인 어조에서 다정다감한 그의 사랑의 원류를 이해하게 된다. 그는 '어둠=당신'이라는 등식을 성립하고 '먼 남쪽에서 나를 바라보는 당신'이 어둠 속에서 클로즈 업 되고 있는 것이다. 생전의 '당신'모습을 상기하면서 환상(幻想)처럼 당신과의 정겨운 대화는 계속되고 있다.

그는 작품「회상」중에서 '여보, 흠칫 뒤돌아본다 / 아이가 엄마 품에 안기고 / 한 사내가 빙그레 웃는다'거나 작품「그리워 부르는 노래-아들아, 내 사랑아」중에서 '천안 땅의 서부역에 아파트가 있었네 / 우리 아빠 우리 아들 사랑으로 살았네 / 내 사랑아 내 사랑아 / 나의 사랑 아들아 / 너는 영영 가버리고 나만 홀로 남았네' 그리고 작품「병실의 밤」전문에서도 '할 수 있는 것이 없다 / 그저 바라보는 것 밖에는 // 주렁주렁 매달린 인연 / 잡으려는 사람과 / 떼어 내는 자의 아픔 // 정적이 흐른다 / 떠나고 보낸다는 것 / 아쉽지 않은 이별이 어디 있으랴 // 먼 하늘 별이 뜬다 / 이곳저곳 남아 있는 흔적들'이란 어조로 아픔과 그리움과 고독함을 절규하는 듯한 메시지로 적시하고 있다.

2. 자연 공간에서 응시하는 서정적 자아

이제 이현용 시인은 내적인 애상(哀想)의 관념에서 벗어나 자연 공간으로 시선을 돌린다. 그는 강이나 저수지 그리고 골목길과 여울목 등 시각적으로 줌인하는 곳은 그의 혜안이 멈추고 무엇인가 인생적인 상관성과 긴밀하게 접맥(接脈)하려는 시법을 이해하게 된다.

  그의 시야에 착목(着目)한 공간들은 '먼 기억을 더듬는 허수아비', '가슴앓이 풀어낸 섬진강', '가로등 골목길', '달래 냉이 캐던 둑방길', '홀로 건너는 강', '수장 시킨 저수지', 그리고 '홀로 선 왜가리' 등등 이루 헤아릴 수 없이 자연 환경에서 응시되는 다양한 사물들이 적시되고 있다.

  현대시 창작법에는 외적인 사물의 시각적인 이미지에 내적인 관념적 이미지를 융합시켜야 좋은 시가 창조될 수 있다고 말한다. 이처럼 자연 공간에서 관망하거나 응시한 사물에 지적인 주제의 메시지를 투영함으로써 작품의 주제를 더욱 명징(明澄)하게 묘사할 수 있을 것이다.

  새들이 찾아왔다 그냥 간다
  기다리던 고양이도 졸고
  지붕을 맴돌던 새매도 떠난다

  채송화 지친 듯 잎을 접는데
  하루하루 훈김과 따스한 손길
  그 기억 놓지 못하며
  문밖에 홀로 핀 봉선화

세상 분진 훌훌 털어버린 그대
그림자 짙게 드리워진 뜰엔
여전히 내리는 그날의 햇살

산책길 데불고 온 야생화
어우러져 피어나는 꽃밭
웃음 꽃 의자엔 그리움만 앉아 있다
　　--「빈 뜰」 전문

　　이현용 시인의 시각적인 관찰력은 예리하다. 이 '빈 뜰'에서 조망할 수 있는 사물들은 다채롭다. 새들과 고양이, 새매 그리고 채송화와 봉선화 등 '빈 뜰'에서 관찰되는 것은 동물뿐만 아니라, 화훼류까지 그의 시야에서 무엇인가 언어를 전하고 있다.
　　그는 이처럼 사물의 나열에서 멈추는 것이 아니고 '세상 분진 훌훌 털어버린 그대 / 그림자 짙게 드리워진 뜰엔 / 여전히 내리는 그날의 햇살'에 초점을 맞추면서 여기 '빈 뜰'이라는 공간에서 직관적으로 현현(顯現)한 서정성은 다감(多感)한 정서로 기승전결(起承轉結)의 구도로 풀어나가다가 마지막 연에서 '산책길 데불고 온 야생화 / 어우러져 피어나는 꽃밭 / 웃음 꽃 의자엔 그리움만 앉아 있다'는 결론으로 '그리움'의 주제를 완성시키고 있다.

　무논에선 개구리 엄마 부르고
　만득이 비탈밭 내려오는데
　앞산에 달이 찾아든다

　한 발 다가서면 만날 수 있을까
　마중가면 주춤주춤 물러서며
　돌아서면 따라온다

　함께 손잡고 가자더니
　낯선 곳 어이 갔을까
　다저녁 까치는 뭐 하러 또 우는지

　멀리서 별이 눈인사한다
　갈 수도 없고 오지도 못한다 하니
　깊어 가는 기다림만 아프다
　　　--「만날 수 있을까」 전문

이 작품에서도 '만날 수 있을까'라는 관념적인 제목과 같이 관념적 이미지만으로 창작된 작품은 아니다. 살펴보면 무논이나 비탈밭과 앞산에 달, 저녁까치, 별 등 다양한 사물들이 시의 근간(根幹)을 형성하고 있다.

그는 상황 설정을 외적인 사물을 적시(起)하고 '한 발 다가서면 만날 수 있을까'라는 의문형으로 상황을 이어가(承)고 다시 '함께 손잡고 가자더니 / 낯선 곳 어이 갔을 까'라고 역시 의문형으로 시적 형태를 바꾼다(轉).

그리하여 그는 '만날 수 있을까'라는 해법을 마지막 연에서 결론(結)을 적시하고 있다. '멀리서 별이 눈인사한다 / 갈 수도 없고 오지도 못한다 하니 / 깊어 가는 기다림만 아프다'는 '기다림'의 이미지로 형상화하고 있어서 궁극적으로 그는 하나의 사물에서 창출하는 이미지는 그가 평소에 갈망하는 '기다림'이 그의 의식의 흐름에서 순도(純度) 높게 발현되는 특성을 이해하게 한다.

이러한 시법은 앞에서 언급한 아내와 아들에 대한 그리움과 기다림의 연속적인 이미지가 그의 사유의 범주에서 이탈하지 않고 모든 사물과 관념에서 생성하고 있음을 간과(看過)할 수 없을 것이다.

그는 작품 「넋두리」 중에서도 '나뭇잎을 보낸 뒤 / 새순을 위해 홀로 견디는 나무들 / 사랑도 이별도 아픔도 // 어둠 속에서도 길은 사라지지 않기에 / 빈 들을 지키는 허수아비처럼 / 오늘도 그리워서 산다'라고 동일한 맥락의 메시지로 주제를 결론짓고 있어서 우리들 공감의 영역은 더욱 확대되고 있는 것이다.

3. '낯설은 고향'과 회상의 진한 향수

이현용 시인은 충남 홍성군 장곡면 천태리가 고향이다. 그는 지금도 고향의 진한 흙냄새에 흠뻑 젖어 있다. 그리고 그가 태어나고 유년을 보냈던 '바리미 윗말' 고향집에 대한 향수가 지워지지 않는다. 고향에는 태봉산, 천태산과 무한천이 그의 심저(心底)에 깊게 각인(刻印)되어 있어서 그에게서는 생명의 모태(母胎)이며 정서의 발원지 곧 시적인 원류(源流)로서 존재 가치가 남아 있는 곳이기도 하다.

그는 이곳이 '외진 산골 끝자락 / 억새풀 베고 / 소 먹이던 곳'이며 '순이'와 '신랑 각시 놀이하던 곳 // 양철지붕 외딴길 / 빗소리 들리던 고향(이상 「고향집」 중에서)'에 대한 회상은 영원히 지울 수 없는 그 흔적과 함께 영혼이 숨 쉬는 시창작의 보고(寶庫)이기도 하다.

이와 같은 연유를 살펴보면 작품 속에서 추억의 대상이 되는 시어(詩語)들은 대체로 허물어진 토담, 춘배네 사랑방, 잔설이 희끗희끗 남아 있는 천태산, 김영감네 개짖는 소리, 꿈이 곰삭던 장독대, 그리고 어머니의 흔들리는 툇마루와 어머니의 눈물 흘리던 행주 등등에서 동경(憧憬)의 향수로 발현되고 있는 것을 알 수 있을 것이다.

  새로운 질서가 세워진다
  뚝방길 도열하고
  제비가 순찰하는 냇물에서
  송사리 무리지어 사열을 한다

  시멘트 성벽의 철문이 닫힌다
  대천댁 강릉댁 풀어내던 빨래터
  물장구 버들피리 소 먹이던 곳
  어린 시절 흔적이 지워진다

  소꿉친구 하나 둘 산으로 가고
  개울물 붉게 우는 저녁
  피라미 뛰어나와 홀로 반기는
  낯선 고향
      --「낯선 고향」 전문

그러나 이현용 시인은 그 고향이 낯설기만 하다. 세월 따라

시대가 바뀌고 문명의 이기가 고향 마을을 변화시키고 있다. '새로운 질서' 그것은 '시멘트 성벽의 철문'으로 닫혀져서 '대천댁 강릉댁 풀어내던 빨래터 / 물장구 버들피리 소 먹이던 곳 / 어린 시절 흔적이 지워'지고 '소꿉친구'들도 이 세상을 떠나고 이제는 '피라미 뛰어나와 홀로 반기는' 황량하기만 한 옛 고향이 낯설다.

그러나 '만득이 웃음소리'와 '순이 발자국 소리'가 귓가에 맴돌고 '태봉산 형제봉에 / 심어둔 별이(「언제나 그 자리」중에서)' 뜨고 있는 불망의 향수는 '바라미 윗말 동네 / 새들이 대숲 찾는 저녁 / 뜨고 남은 이름을 불러본다 / 만득이 춘삼이 옥이(「그 집 앞」중에서)' 등으로 멈추지 못한다.

그는 다시 '녹음이 짙다고 가을이 안 오랴 / 바람 같은 세상살이 / 물처럼 흘러가는 게지 // 청명한 하늘 춤추는 깃발이 / 둘인들 무엇하고 하나인들 어떠랴 / 꽃가마에 실려 가면 그 뿐인 게지 / 고향 가는 길 / 가짐이 무얼 그리 중한가(「흙」전문)'라는 어조와 같이 고향으로 꽃가마에 실려 가는(흙으로 돌아가는) 미래의 환상에서 더욱 진해지는 향수를 이해할 수 있게 한다.

미련처럼, 석양이 내리자
어머니가 아궁이에 불을 지폈다
불은 자꾸 어머니를 끌어당겼다

아궁이보다 작아진
이제 그만 일어나세요
그 모습 보기 싫어 돌아서는데
서산으로 해가 뚝 떨어진다
어머니의 굽은 등이
서산에 걸쳐있었다
　　　--「군불 지피는 어머니」 전문

　이현용 시인은 항상 '고향=어머니'라는 등식으로 사유의 카테고리를 반추(反芻)하고 있다. 유년시절의 어머니는 생존의 원천으로서 사랑의 보금자리이며 광활한 희망의 등불이었다. '아궁이에 불을 지피는' 어머니, '굽은 등이 / 서산에 걸쳐'진 어머니, 이러한 사모곡(思母曲)이 그의 심연(深淵)에서 재생되고 있어서 공감을 흡인하고 있다.
　그는 다시 '어머니가 보고프면 / 중앙시장 춘천옥을 찾는다 // 두어 평 남짓한 공간 / 가난을 아궁이에 태우며 / 수제비를 끓이시더니 // 품앗이로 보낸 청춘 / 푸념도 하랴마는 / 묵묵히 꽃을 가꾸시던 엄니 // 춘천댁 담아 낸 뚝배기에 / 방울방울 어머니가 맺힌다(「수제비」 전문)'는 그의 회상과 같이 어머니에 대한 아련한 추억들이 그의 작품에서 상상력을 더욱 풍족한 이미지로 형상화하고 있어서 그의 진솔한 효심(孝心)과 동시에 낯선 고향의 향수를 정감(情感)으로 표현하고 있다.

  이현용 시인의 이와 같은 향수의 여운(餘韻)은 작품 「저수지」 중에서 '조상대대로 부쳐 먹던 땅뙈기 / 수장 시킨 저수지에 / 콜라병이 허우적거린다', 「무한천을 걸으며」 중에서 '저녁놀 흐르는 여울물에 / 겹치는 얼굴이 흩어지고 / 삐비 뽑던 뚝방길엔 / 코스모스 홀로 외롭다' 그리고 「느티나무」 중에서도 '서방 기다리던 춘천댁 / 노총각 덕배의 푸념을 달래며 / 정화수井華水 에 달이 뜨면 / 삼신三神 찾던 순이 할매 / 모두 떠나간 / 빈 가슴에 바람만 휘돌고'라는 등등 많은 소재의 고향 풍광(風光)을 음미(吟味)하고 있어서 그의 향수는 현재 진행형으로 남아 있다.

4. 자연 풍광에서 감응한은 서정시학

  이현용 시인은 잔잔하면서도 여린 감성으로 우리 인간 내면의 진실을 해부하는 진정한 서정시인이다. 우리 서정시학의 위의(威儀)나 본령(本領)은 시간과 공간 개념을 충분하게 활용해서 작품을 완성하는 시법이 주종(主從)을 이룬다. 즉 사계절에서 분사하는 봄 여름 가을 겨울이나 밤과 낮 그리고 아침과 저녁 등 시간성에서 투영하는 자연 사물의 이미지가 융합하는 형이상시(形而上詩-metaphysical potry)의 영역에서 많은 시인들이 이 시법을 응용하고 있다.
　이처럼 서정시인들은 우리 주변에 지천으로 널려 있는 자연 경관(景觀)에서 시간의 변화에 따라서 표정과 그 이미지가 전환하는 현상을 관조(觀照)하면서 자신의 정서를 투입시키는 보편적인 시창작의 형태에서 우리들은 시적 주제의 미학을 창조하고 독자들에게 서정적인 메시지를 적시하게 된다.

　　겨울 기나긴 밤
　　방울방울 맺힌 꽃잎을
　　햇살이 가만히 보듬어 준다

　　훌쩍 떠난 뒤
　　창가에 그림자 어릴 때마다
　　귀 기울여 보지만
　　골목을 휘도는 바람소리 뿐

　　다시 오마 한 적은 없지만은
　　아니 온다는 말도 없었기에
　　섬진강 뚝방길 거닐며
　　하나 둘 추억을 줍는다

까치 찾아드는 봄날
　행여 소식 올까 기다리는데
　그대 심어 놓은 개나리가 핀다
　　　――「봄이 왔다」 전문

　이현용 시인도 이러한 자연 풍광에서 접맥하는 정서가 시적으로 발현하는 현상은 그가 어쩔 수 없이 전원적인 환경에서 자라고 생활한 체험이 하나의 동경이나 귀환(歸還)의 의식이 충격적으로 발현하면서 작품으로 형상화하고 있음을 알 수 있다.
　그는 우선 '봄'이라는 시간성에서 멀리 떠나간 추억의 인물인 '그대'가 '행여 소식 올까 기다리는데'라는 절박하기도 한 조바심이 서정의 중심에 놓여 있다. 그러나 '그대 심어 놓은 개나리가 핀다'는 결론에서 이해할 수 있듯이 우리 인간과 자연이 화해하는 절정이 작품으로 승화하고 있는 것이다.
　일찍이 아리스토텔레스는 모든 예술, 교육은 단순한 자연의 부속물에 지나지 않는다고 하였으니 자연과 우리 인간들과의 상관성을 필설(筆舌)로 형용하기가 어려울 것이다. 이현용 시인도 '봄이 왔다'고 외치면서 그 내면에는 정서의 중요한 핵심인 '기다림'이라는 주제를 표출하고 있는 것이다.

그는 다시 '뒤늦게 찾아든 열병으로 / 다 벗어 던진 / 지난 겨울은 유난히도 아팠다 // 너무 길어 슬픈 밤 / 소쩍새 지쳐 떠난 뒤 / 달빛만 환장하게 내리고 // 토담 옆 우물가 / 가시로 박혀 있던 그리움 하나 / 햇살로 피워 낸다(「목련」 전문)'는 봄의 실상에서 '목련'으로 형상을 전환하여 열병과 아픔, 슬픔, 떠남 등이 결론적으로 '그리움 하나'로 귀결(歸結)시켜서 봄의 현상에서 목련이 피어 있는 현장(공간)의 접맥으로 작품의 주제를 명민(明敏)하게 형상화하고 있는 것이다.

　이러한 봄에 관한 정서는 작품 「봄비」「3월에 오는 눈은」「봄날에는」「봄에 피는 꽃」 등의 소재에서 그가 현현(顯現)하고자 하는 내면의 진정한 정감을 토로하고 있어서 그가 선호(選好)하는 계절적 감응이 바로 작품으로 연결되는 시법을 이해하게 된다.

　검버섯 가득한 얼굴
　윤기가 흐르는 얼굴
　핏기가 사라진 얼굴

　어디에서 왔는지
　어떻게 살았는지

그렇게 또 어디로 가는지

서걱서걱 북북 쓱쓱 싹싹
저마다 간직한 이야기를
하나씩 하나씩 털어 놓는다

나뭇잎 떨어지는
늦가을 골목
몽당 빗자루가 먼 산을 본다
   --「낙엽을 쓸며」전문

 이현용 시인은 다시 가을의 이미지로 전환한다. 이 가을의 보편적인 이미지는 누구나 느낄 수 있는 현실적이다. 누렇게 익어서 일렁이는 들판이나 붉게 익은 감나무, 모과나무 등에서는 풍족하고 무엇인가 모자람이 없는 이미지로 나타나지만 동백나무, 배롱나무 등의 '낙엽을 쓸며' 감응하는 이미지는 전혀 다른 모습으로 다가온다.
 그가 여기에서 말하는 '핏기가 사라진 얼굴'이라는 핼쑥한 몰골에서 무엇을 찾고 있는가 그래서 '어디에서 왔는지 / 어떻게 살았는지 / 그렇게 또 어디로 가는지'라는 미지의 인생 행로가 투영되어 있다. 그는 결론으로 '나뭇잎 떨어지는 / 늦가을 골목 / 몽당 빗자루가 먼 산을 본다'는 어조로 예측이 불가해서 그냥 체념하면서 이현용 시인만의 인생론으로 정리하려는 심사(深思)가 엿보인다.

이현용 시인이 작품 「늦가을에 서다」에서도 '곳간이 채워진 만큼 / 김씨의 주름도 늘어나고 // 늦가을 들판은 여유롭다 // 누구라도 그러하듯 / 가는 모습은 똑 같은데'라는 '늦가을 들판'의 현장에서는 곳간의 여유도 있지만 '김씨의 주름'과 '가는 모습' 등에서는 어쩐지 우수(憂愁)의 빛이 역력하고 서글픔과 고독함이 내재된 이미지를 예감하게 한다.

또한 '산 그림자 길어지는 들녘엔/ 먼 산을 바라보는 허수아비 뿐 // 익어가는 해바라기가 아프다(「가을의 사랑」중에서)'거나 '빛바랜 얼굴로 / 문간에 기대어 / 푸른 잎 진딧물에 빨리 우고 / 무뎌진 가시 / 갈라진 가슴 / 허물 드러낸 몸으로 / 힘겹게 울타리 넘는 데 / 매서운 바람이 / 못다 핀 꽃을 떨군다(「가을 장미」전문)'는 어조는 그가 순정적으로 간직한 '먼산 바라보는 허수아비'나 '허물 드러낸 몸' 등으로 계절적인 허무 혹은 허망의 이미지가 충만해 있다.

이제 그는 겨울철로 들어선다. 겨울은 한 해를 마감 정리하고 추수동장(秋收冬藏)의 실질적인 현실이 결실이나 안온한 시간성을 구현한다. 그러나 '베갯잇 적시는 사연 / 달빛이 / 어둠을 고요히 밀어낸다 // 눈시울 시리도록 / 그리움의 수를 놓으며 / 뒷산에서 두견새 운다 // 바람이 지나간 자리 / 그림자 들창에 어리고 / 기우는 달이 시리다 / 귀 기울이면 / 대숲도 빈 가슴으로 운다(「동짓달」 전문)'는 겨울 서정은 그리움이 충만해 있다.

　어쩌면 황진이의 '동짓날 기나 긴 밤'을 연상케 하는 작품이다. '동짓달'의 겨울 이미지는 우선 그리움을 표방하지만 '바람이 지나간 자리 / 그림자 들창에 어리고 / 기우는 달이 시리다'는 허허(虛虛)한 시적 상황에서는 무엇인가 인생론을 상기하는 공감이 흡인되고 있다.

　한편 작품 「겨울나무」 중에서도 '잠 못 이루는 겨울밤'과 '가지 끝 맺힌 눈물 방울' 그리고 '빈 가슴 삭정이' 등의 어조는 그의 허한 의식에서 생성하는 겨울 이미지가 허무의 심리적인 인식으로 이해된다.

　이현용 시인은 이처럼 자연 친화의 서정시를 탐색하는 순수 시인이다. 그는 자연 환경에서도 산과 나무, 꽃 등에서 자신의 혜안(慧眼)으로 직접 동화(同化-assimilation)하거나 투사((投射)-project)하는 시법으로 자연 사물을 시적으로 형상화해서 공감의 범주를 확대하는 특성을 잘 살리고 있다.

　이러한 시법을 우리 시학(詩學)에서는 자연의 인격화를 비정적

타자성이라는 말로 설명하는데 흔히 감상적 오류(誤謬)라는 학설로 학자들이 표현하고 있어서 많은 시인들도 창작에 담고 있는 것이다.

　이제 이 시집 『사는 이유』 읽기를 마무리한다. 그는 '내 삶은 언제나 그리움과 회한이 앞선다. 담아 놓을 가슴이 없기에 지켜주지 못했던 이들에게 전하는 글들과 살아 온 과정 그리고 삶에 대한 미흡한 생각들을 책으로 엮었다.'는 '시인의 말'과 같이 그의 가슴에 옹이로 박혀있는 여한(餘恨)의 '아내와 아들'에 대한 정적인 메시지가 참으로 눈물겹도록 감동적이어서 이를 이현용 시인에게 위로를 첨언하면서 글을 맺는다.

　시집 출간을 진심으로 축하한다.